NOTICE HISTORIQUE

SUR M. LE COMTE

RIVAUD LA RAFFINIÈRE,

Lieutenant-général.

PARIS

IMPRIMERIE LANGE LÉVY ET COMPAGNIE

Rue du Croissant, 16, hôtel Colbert.

1842

NOTICE

SUR

M. LE GÉNÉRAL Cᵗᵉ RIVAUD.

———◆◆◆———

Parmi les hommes auxquels le Poitou doit s'honorer d'avoir donné le jour, il faut, et en première ligne, placer le lieutenant-général RIVAUD. Toujours fidèle à sa patrie, il a pendant plus de quarante années suivi toutes les chances de sa fortune ; et si les bulletins impériaux ont souvent gardé sur lui un injuste silence, il convenait qu'un journal qui a pris la mission de rétablir dans leurs proportions historiques toutes les célébrités, toutes les illustrations du pays (1), réparât cette injustice. Aussi, est-ce avec une sorte de plaisir et un haut sentiment d'impartialité que nous traçons le précis de la vie militaire d'un brave, qui fut aussi intrépide sur les

(1) Le journal dont il est question avait déjà publié plusieurs notices biographiques sur les principaux personnages du Poitou.

1842

champs de bataille que modéré et sage au milieu de nos orages politiques.

RIVAUD (Olivier-Macoux), comte de la Raffinière, lieutenant-général des armées françaises , grand'-croix de l'ordre de la Légion-d'Honneur, commandeur de l'ordre de Saint-Louis, naquit à Civray, le 10 février 1766, de M. Charles-Jean Rivaud et de dame N. Rondeau. Maire de Civray et lieutenant-général de police au siége royal, son père a laissé la plus honorable réputation.

Le plus jeune de dix enfans issus du mariage de ces dernier, Ol. Rivaud, montrait pour la carrière des armes une vocation décidée, que les circonstances lui permirent bientôt de développer. Dès le commencement de la guerre, en 1792, il eut à commander une compagnie au 1er, puis au 4e bataillon de volontaires, et il ne tarda pas à se distinguer aux avant-postes de l'armée du Nord, commandée par Dumouriez. A la mémorable journée de Jemmapes, qui eut pour conséquence l'occupation complète de la Belgique, Rivaud se fit remarquer par un sang-froid et une bravoure à toute épreuve.

Rivaud se distingue également dans la campagne suivante, notamment à la bataille de Nerwinde, perdue par les fautes du général Miranda, et il reçoit bientôt en récompense de ses services le brevet d'adjudant-général, que lui confère l'arrêté du pouvoir exécutif provisoire, du 27 septembre 1793.

Le général Houchard avait reçu l'ordre de tomber sur les Anglais, qui bloquaient Dunkerque, et de délivrer cette ville. Bientôt l'armée du duc d'York est obligée d'abandonner Rexpocède, et nos soldats le battent complètement à Hondtscoote. Rivaud prend part à cette bataille comme chef d'état-major de la division Duquesnois; il y montre sa bravoure et son intelligence accoutumées.

Jusque-là Rivaud avait été heureux sur le champ de bataille; il n'en fut pas de même au combat de Warwick; il fut assez grièvement blessé d'un biscaïen à la jambe. Par une rencontre singulière, il était devant un bataillon de volontaires de la Vienne, qu'il venait de féliciter de leur courage, lorsqu'il reçut cette blessure. Tous, pleins de crainte et douloureusement émus, s'élancent vers lui et le relèvent avec le plus vif empressement. Plusieurs témoins de cette scène attendrissante sont encore existans.

Des désastres avaient suivi la délivrance de Dunkerque. Les généraux Cobourg et Clairfayt, avec 80,000 hommes, occupaient à Watignies, entre Avesnes et Maubeuge, une position formidable. Carnot et Jourdan, général en chef, avaient cependant résolu de livrer bataille aux Autrichiens avant qu'ils eussent réduit Maubeuge. Le combat, commencé le 14 octobre, dura trois jours; les Autrichiens furent forcés de repasser la Sambre, et Maubeuge fut sauvé. Durant cette terrible lutte, qui coûta 7,000 hommes aux alliés, Rivaud n'avait cessé de donner des preuves d'intrépidité. Une récompense, qu'à cette époque on prisait plus que les honneurs, lui était réservée. Il reçut les félicitations de Carnot et de Jourdan.

Toujours plein de zèle et d'activité, il fut nommé, en 1794, chef d'état-major de l'armée des côtes de Brest, et plus tard, en 1795, de l'armée des Alpes, que commandait Kellermann.

Le moment était venu où la République allait porter l'invasion sur le territoire de ses ennemis. Bonaparte, à peine âgé de 26 ans, fut chargé de conquérir l'Italie. Ol. Rivaud, dont les talens étaient connus, fut attaché comme adjudant-général à l'état-major du général en chef. Il prit part en cette qualité aux combats de Castiglione, de Saint-Georges sous Mantoue, où il fut atteint d'un coup de feu à la tête, à Rivoli, à Arcole, et à la prise de Mantoue; dont il dirigea le siége sous le général en chef Kilmaine. A son départ d'Italie, il reçut une lettre flatteuse de Bonaparte (1), et Berthier le signala au directoire *comme un officier plein de bravoure et d'habileté, particulièrement instruit dans le service de l'état-major.*

Bonaparte avait rempli sa mission. Le centre de l'Italie était conquis. Une occasion surgit de mettre fin au règne temporel du pape; le général Berthier, chargé de marcher sur Rome et de punir le meurtre de son jeune collègue Duphot, se souvint des renseignemens qu'il avait donnés sur Ol. Rivaud au directoire; il s'empressa de le prendre pour son chef

(1) Cette lettre est datée du 1er floréal an VI.

d'état-major. Bientôt le trône papal fut remplacé par une nouvelle *république romaine*, parodie de l'ancienne souveraine du monde.

Rivaud fut également le chef d'état-major de Kilmaine, général en chef de l'armée d'Angleterre, qui se formait à Rouen, et qui s'embarqua à Brest pour l'expédition d'Irlande : on sait comment tout projet fut arrêté de ce côté. Une nouvelle coalition s'était formée contre la France, et les attentats de Rastadt lui firent tourner tous ses efforts contre l'Autriche.

Toutefois, Rivaud, qui venait d'être créé général de brigade, le 15 décembre 1798, sur une note laissée au directoire par Bonaparte partant pour l'Égypte, fut arraché, pendant quelque temps, à la vie active des camps. Il fut employé dans les neuf départemens réunis, et plus tard envoyé en mission dans les départemens des Hautes et Basses-Alpes.

Tandis que Bonaparte immortalisait nos armes en Égypte, nous éprouvions de nombreux désastres au-delà des Alpes. Il était temps que le vainqueur des Pyramides quittât l'Orient pour ramener la fortune sous nos drapeaux. A peine le coup d'état de brumaire consommé, le premier consul assemble dans les environs de Dijon une armée destinée à délivrer Masséna, bloqué dans Gênes par les Autrichiens. Rivaud a le commandement d'une brigade dans cette armée, et lorsque la campagne s'ouvre, cette seconde campagne d'Italie aussi belle que la première et plus décisive encore, il commande l'avant-garde du corps d'armée de Victor. Ce fut lui qui décida la victoire

de Montebello. Lannes, attaqué par des forces su-
périeures, faisait des prodiges, attendant Victor, sé-
paré de lui par une distance de huit lieues. Rivaud,
arrivé le premier sur le champ de bataille, se jette
avec fureur sur les Autrichiens : ses charges à la
baïonnette mettent le désordre dans leurs rangs, et
3,000 morts, 6,000 prisonniers sont les fruits de
la journée.

Le comte Mathieu Dumas, dans son *Précis des
Événemens militaires*, détaille la manœuvre exécu-
tée par le général Rivaud ; il n'hésite pas à dire que
l'honneur de cette journée lui revient en partie, et
le bulletin de cette glorieuse affaire dit que ce fut ce
général *qui décida la victoire*. (Expressions textuel-
les.) Jomini s'exprime aussi de la même manière.

D'autres succès, des triomphes plus beaux encore
l'attendaient dans cette campagne admirable, qui
dura moins d'un mois et qui nous donna une seconde
fois l'Italie.

L'armée autrichienne, coupée de sa ligne d'opé-
rations, était placée entre l'armée de Suchet, qui
manœuvrait sur ses derrières, et celle du premier
consul, qui se fortifiait à Stradella. Pour sortir d'une
position aussi désavantageuse, elle prit le parti de
passer au milieu de cette dernière. Cette résolution
amena la journée à jamais mémorable de Marengo.
Le 14 juin 1800, la bataille s'engage, et pendant une
partie de la journée, 20,000 Français soutiennent le
choc de toutes les forces ennemies. Rivaud, placé
dans le village de Marengo même, défend pendant

sept heures cette position importante avec la plus grande intrépidité. Un gendarme d'ordonnance est tué à ses côtés, son aide-de-camp (1) à la cuisse traversée d'une balle, la moitié de son monde est mise hors de combat (2) ; Rivaud continue de se battre, perd jusqu'à trois fois le village et finit par en rester maître. « Lattermann, dit Jomini dans *l'Histoire des guerres de la Révolution*, après avoir passé le ruisseau avec ses cinq bataillons de grenadiers, pénètre dans Marengo. Rivaud ne se déconcerte pas : quoique blessé d'un coup de biscaïen, et tout couvert de sang, ce vaillant chef exhorte ses troupes, se jette à leur tête sur l'ennemi, et le force à quitter le village. »

Ainsi, comme à Montebello, le général avait fortement contribué au gain de la bataille, et le général en chef Berthier disait dans son rapport sur cette journée, *qu'on ne saurait trop louer le calme et le courage de la brigade si habilement et si bravement commandée par le général Rivaud.*

Rivaud fut fait général de division sur le champ même de bataille, en même temps que Marmont et Kellermann (3). La valeur qu'il y avait déployée reçut d'autres témoignages de la reconnaissance et de

(1) Cet aide-de-camp était un poitevin, M. Favre, mort à Poitiers entreposeur de tabacs.

(2) Rapport du général Delort, chef de l'état-major de la division dont faisait partie Rivaud.

(3) Son nom est inscrit sur l'arc de triomphe de l'Etoile, à côté de celui de ce dernier.

l'admiration publiques : dans la séance solennelle du
16 messidor an VIII, le président du Tribunat, pro-
nonçant l'éloge funèbre de Desaix, termina ainsi son
panégyrique : « O généreux Desaix, si du séjour
qu'habitent les ames des grands hommes, tu peux
jouir encore des affections qui étaient l'objet de tes
vœux les plus doux et de tes plus chères espérances,
jouis de la gloire de tes compagnons d'armes ! vois
le sang de Rivaud, de Champeaux, de Muller, de
Mainoni, couler honorablement pour la patrie!...»

En 1801, Rivaud fut nommé chef d'état-major de
l'armée dite de Portugal, qui entra en Espagne sous
les ordres de Leclerc. Lorsque ce général partit pour
Saint-Domingue, il eut le commandement en chef
de l'armée. Dans ces fonctions difficiles, où il avait
sous ses ordres des égaux en grade et des hommes
tels que Lamarque, Hullin, Nansouty, Lasalle, il obtint l'estime de ses camarades, les félicitations des
autorités espagnoles et l'éloge du gouvernement
français (lettre du ministre de la guerre, *Moniteur*
an 10, p. 737).

Ce fut seulement en 1802 que Rivaud fut breveté
général de division. Les cadres étant remplis, il avait
dû attendre qu'une place fût vacante pour recevoir son brevet.

De 1803 à 1804, la France, ayant réduit les ennemis du continent, n'eut guère à combattre que son
éternelle rivale, l'Angleterre. Pendant ce laps de
temps, Rivaud ne cessa pas d'être employé. Le gouvernement, qui savait apprécier ses services et sa ca-

pacité, lui donna à commander une division au camp de Nimègue, qui devint l'armée de Hanovre. Rivaud conserva deux ans ce commandement.

Une nouvelle coalition signala l'établissement de l'empire français. 100,000 vieux soldats volèrent à la rencontre des Autrichiens et des Russes. Alors commença une série d'immortels triomphes, et Rivaud, placé (septembre 1805) à la tête de la première division du premier corps de la grande armée, concourut glorieusement à cette courte et magnifique campagne, qui compta double par décret impérial.

Pendant que le maréchal Bernadotte marchait vers Munich et s'en emparait, le général Rivaud reçut l'ordre de se porter sur Ulm, où s'était enfermé le général Mack, commandant l'armée autrichienne d'Allemagne. Mack capitule avec 35,000 hommes. En vain le prince Ferdinand, opérant une prompte retraite, tente-t-il de réunir les débris de l'armée autrichienne, Rivaud l'attaque près de Nordlingen, met son corps d'armée en déroute et lui fait 5,000 prisonniers, parmi lesquels se trouve le général Hohenfeld. Le reste du corps autrichien se rend peu de temps après au prince Murat. Les prisonniers faits depuis le commencement de la guerre égalaient presqu'en nombre l'armée de Napoléon.

De Nordlingen, la 1re division rejoignit à marches forcées le maréchal Bernadotte, et put ainsi prendre part au magnifique triomphe qui devait couronner une campagne sans pareille dans les fastes militaires. Le 2 décembre 1805, 80,000 Russes et 25,000 Autrichiens en viennent aux mains avec les Français, qui réunissaient à peine, sur le champ de bataille, 75,000 hommes. Au commencement de l'action, les divisions d'Erlon et Rivaud, placées au centre, soutiennent avec vigueur deux charges de la cavalerie russe, commandée par le grand-duc Constantin, et lui font éprouver des pertes considérables. Trois heures après, la division commandée par Rivaud est l'objet de nouveaux efforts de la part des Russes. Attaqué avec fureur par une partie de la garde impériale, infanterie et artillerie, le général se met à la tête de trois régimens d'infanterie (les 8e, 54e et 45e), enfonce les rangs ennemis et prend ou tue 1,200 hommes. Pendant cette charge, son cheval est tué sous lui, et le boulet qui l'a frappé fait encore des ravages dans le 54e.

On sait les immenses résultats de la bataille *des trois empereurs.*

L'année suivante, l'empereur fit payer cher à la Prusse les dispositions hostiles qu'elle avait montrées dans la dernière guerre. Après quelques combats de peu d'importance eut lieu la bataille décisive d'Iéna, dans laquelle Frédéric-Guillaume perdit la plus grande partie de ses troupes. Cinq jours après, les généraux Dupont et Rivaud attaquèrent près de Hall 30,000 hommes que commandait le prince de Wurtemberg. C'était la réserve prussienne, qui n'avait pas donné à Iéna. Elle fut mise en déroute, vivement poursuivie pendant deux lieues, et le général Rivaud lui fit 2,000 prisonniers. Pour faire bien comprendre l'importance du combat de Hall, il suffit de dire que l'empereur voulait faire marcher 60,000 hommes contre la réserve prussienne (V. le Bull. de la bat. d'Iéna); deux divisions du premier corps en eurent raison avec moins de 15,000 hommes; les résultats de la bataille furent : 1,000 hommes morts sur le terrain, 6,000 prisonniers, 30 pièces de canon tombées en nos mains; elle fit perdre au roi de Prusse l'espoir de rallier les divers corps de son armée (V. *Touchard-Lafosse et Vict. et Conq.*) Ce prince, dont la position était désespérée, demanda un armistice. Napoléon, qui savait que les Russes marchaient à son secours, refusa, et le premier corps, toujours commandé par Bernadotte, ceux du prince Murat et du maréchal Soult se mirent à la poursuite de Blucher et des débris importans de l'armée battue à Iéna (environ 25,000 hommes). Les divisions Drouet d'Erlon et Rivaud arrivèrent presqu'en même temps sous les murs de Lubeck, où Blucher s'était jeté. Elles attaquèrent chacune une porte de la ville, et bientôt Drouet enleva la sienne de vive force. De son côté, Rivaud pénétra intrépidement dans la ville sous le feu de deux bastions qui vomissaient la mitraille et qui lui tuèrent 300 hommes. Il fit pour sa part 2,000 prisonniers, puis, les laissant aux mains d'une division du corps de Soult qui arrivait, il continua à poursuivre Blucher (1).

(1) On a beaucoup parlé des excès commis par les troupes

Le soir même, 6 novembre, il l'atteignit et le chassa du village de Schartaw. Le lendemain, il le força à signer cette capitulation célèbre qui valut à la France 25,000 prisonniers, parmi lesquels Blucher et le duc de Brunswick, et 80 pièces de canon. La capitulation de Blucher fait trop d'honneur au général Rivaud pour qu'elle ne trouve point place ici.

Art. Ier. Les troupes sous les ordres de S. Exc. monsieur le général de Blucher, tant cavalerie, infanterie qu'artillerie, et tout détachement faisant partie de son commandement, seront prisonnières de guerre.

II. Les armes, chevaux, canons et munitions de toute espèce seront sur-le-champ remis à l'armée française.

III. MM. les officiers de tout grade, y compris les cadets, conserveront leurs armes, chevaux et bagages, les bas officiers et soldats conserveront leurs sacs et porte-manteaux.

IV. MM. les officiers se rendent prisonniers de guerre sur parole, et s'engagent à se rendre sur le point qui leur sera indiqué.

V. La caisse militaire, et tous fonds appartenant à S. M. prussienne, qui sont à la disposition de

françaises à la suite des affaires de Lubeck. Les écrivains allemands surtout ont singulièrement exagéré les faits. Dans tous les cas, il est bon de faire remarquer que la division Rivaud y a été complètement étrangère, puisqu'elle a continué de poursuivre l'ennemi sans s'arrêter à Lubeck, et que le 8 novembre, elle faisait prisonnière, près de Travemonde, un régiment d'infanterie suédois.

M. le général de Blucher, seront remis à l'armée française ; on s'en rapporte sur ce point à la parole de M. le général de Blucher.

VI. M. le général de Blucher fera donner par son quartier-maître-général l'état de tous les corps et détachemens qui font partie de ce commandement.

VII. Le corps d'armée de S. Exc. M. le général de Blucher défilera, aujourd'hui à midi, avec les honneurs de la guerre, en présence de l'armée française, avec ses armes, canons, drapeaux et étendarts déployés. Il déposera les armes, après qu'il aura dépassé la gauche de l'armée française.

Fait double à Ratkau, le 7 novembre 1806.

Signé, *le lieutenant-général* DE BLUCHER.

Le général de division RIVAUD.

La capitulation de Ratkau se trouve dans le *Moniteur* du 19 novembre 1809 (1).

(1) Le récit des *Victoires et Conquêtes* diffère en beaucoup de points de celui qu'on vient de lire des affaires de Lubeck et de Ratkau : il est d'ailleurs emprunté aux bulletins militaires de l'époque.

On veut que les corps du prince Murat et du maréchal Soult soient entrés de vive force dans Lubeck, comme les divisions Drouet et Rivaud et au même moment.

Le fait est que la division Legrand du corps de Soult, qui est arrivée la première, a trouvé la ville prise et n'a pas eu à tirer un coup de fusil.

On veut encore que les trois corps aient traité directement, le lendemain, avec le feld-maréchal Blucher à Ratkau.

Le fait est que le général Rivaud était seul présent dans le

L'anéantissement des armées prussiennes ne mit point fin à la guerre : elle se continua avec les Russes accourus à leurs secours. Dans la campagne de Pologne, le 25 janvier 1807, une partie de la divi-
village de Ratkau, suivi, il est vrai, de très près, par le reste du premier corps, et d'un peu plus loin par les corps de Soult et du prince Murat ; et il avait, la veille, délogé l'ennemi de ce village.

Veut-on des preuves à l'appui de notre récit ? en voici : 1° Le nom du général Rivaud figure seul sur la capitulation du 7 novembre avec celui de Blucher. 2° Le 7 novembre, Bernadotte écrivit à Rivaud une lettre que nous avons sous les yeux, et ainsi conçue : « Veuillez, monsieur le général, m'envoyer demain matin les drapeaux des troupes qui se sont rendues prisonnières de guerre, afin que je puisse les faire passer à l'empereur, etc. —Lubeck, ce 7 novembre. » 3° Le rapport officiel du prince de Ponte-Corvo, adressé à l'empereur. Ce rapport fut rédigé en présence de Murat, sans réclamation de sa part. (V. Touchard-Lafosse, *Vie de Charles XIV*, t. Ier, p. 315 et s.) 4° Les mots que Blucher fit insérer dans les préliminaires de la capitulation, savoir « qu'il n'avait accepté cette capitulation, *offerte par le prince de Ponte-Corvo,* que réduit à la dernière extrémité par le manque de vivres et de fourrages. »

Au surplus, les témoins ne manqueraient pas pour constater la vérité de ce que nous avançons : nous nommerons le général Pactod, qui commandait une brigade de la division Rivaud ; le lieutenant-général Aymard, alors chef de bataillon au 8° ; le lieutenant-général Philippon, alors colonel au 54° ; le lieutenant-général Drouet-d'Erlon ; le général Mathis, retraité à Angoulême, alors capitaine au 8° ; le colonel Poitevin-Lageon, alors aide-de-camp du général Rivaud.

Que conclure de tout ceci ? C'est que les bulletins officiels cachaient par ordre la vérité quand elle était trop favorable à Bernadotte et à son corps d'armée. Aussi le général

sion Rivaud (1) engagea audacieusement l'action au combat de Mohrungen, où 8,000 Français mirent en déroute 15,000 Russes (*Mon.*, 54° bulletin). Toutefois le général ne put être présent aux triomphes d'Eylau et de Friedland; le 1" février 1807, il eut le bras gauche cassé dans une affaire de nuit qui cut lieu à Ostérode, près Kœnisberg. L'empereur le nomma aussitôt gouverneur général des états de Brunswick et d'Halberstadt.

Rivaud ne conserva ces fonctions qu'une année. En 1808, il fut nommé commandant de la 25° division militaire, à Wesel.

Son court séjour dans le Brunswick avait cependant suffi au général Rivaud pour lui gagner l'affection générale. En apprenant son départ, le bourgmestre et les autres magistrats de Brunswick lui écrivirent une lettre dans laquelle ils lui disaient : « Qu'il leur avait donné trop de marques de bienveillance pour qu'ils pussent s'empêcher de lui témoigner leur attachement et une reconnaissance éternelle. Les habitans de Brunswick n'oublieront

Vaudoncourt, l'un des hommes les plus instruits dans l'histoire de nos guerres, et bien connu par sa rude franchise, écrivait-il dans le *Spectateur militaire*, à propos de la vie de Bernadotte, par Touchard-Lafosse : « Que cet auteur avait pris une peine » inutile en s'efforçant de prouver la part à peu près exclu- » sive qu'avait eue, à la prise de Lubeck et à la capitulation » qui en fut la suite, le corps d'armée de Bernardotte. » L'opinion des écrivains militaires est actuellement unanime pour rectifier le bulletin de Lubeck.

(1) Le 8° de ligne.

jamais ce qu'ils doivent à votre excellence : votre souvenir leur sera toujours cher, etc., etc. »—De son côté, Jérôme, roi de Westphalie, le remercia dans une lettre flatteuse de la manière dont il avait gouverné les provinces qui venaient d'être incorporées au nouveau royaume (cette lettre est datée du 22 mars 1808), et il lui envoya une boîte en or avec son portrait. A son retour en France, M. Daru le félicita au nom de l'empereur de son administration *sage et bienfaisante.*

En 1809, la guerre ayant recommencé entre la France et l'Autriche, qui espérait profiter de nos embarras en Espagne pour reconquérir ce que les guerres précédentes lui avaient enlevé, le général Rivaud eut à commander dans la grande armée une division sous le duc d'Abrantès. Il contint les ennemis en Bohême, soutint plusieurs combats contre le général Kyncmayer, et eut dans l'un d'eux, à Bayreuth, la jambe fracassée. La campagne de Wagram fut la dernière du général Rivaud. C'était sa dix-huitième, les fatigues et les blessures avaient épuisé ses forces.

Toutefois, l'empereur, ne voulant pas laisser sans emploi un homme dont les services pouvaient encore lui être d'une grande utilité, lui donna à commander, le 14 décembre 1809, la 12e division militaire, à la Rochelle. Les Anglais avaient des croisières permanentes sur les côtes, et plusieurs fois ils débarquèrent des troupes sur lesquelles on fit quelques centaines de prisonniers.

Rivaud était encore à ce poste en 1814, à l'époque où les merveilles et les gloires de l'empire s'abîmaient dans de lamentables désastres. Après l'abdication de l'empereur, il adhéra aux actes du gouvernement provisoire, puis prêta serment à Louis XVIII, et se dévoua sincèrement aux Bourbons, auxquels il croyait liée désormais l'indépendance de la France. Pendant les Cent-Jours, il resta sans emploi, demeurant complètement étranger aux affaires ; il recouvra son commandement à la seconde restauration.

Son retour à la Rochelle, disent les feuilles du temps, fut un jour de fête. Il est certain que le général Rivaud y était l'objet de l'estime publique et de nombreuses et vives sympathies : elles se manifestèrent quand le département de la Charente-Inférieure fut appelé à envoyer des représentans à l'assemblée élective. Rivaud, nommé député (chambre de 1815), vota avec la majorité.

Ici se place une circonstance qui fait le plus grand honneur au général Rivaud, et qui prouve, en même temps, que les entraînemens politiques n'avaient pas de prise sur sa conscience. Nous sommes heureux de pouvoir en parler avec quelques détails.

On sait avec quelle violence se déchaîna la réaction royaliste après les désastres de Waterloo. L'infortuné Travot fut une des victimes de cette époque. Appelé à faire partie du conseil de guerre qui jugea à Rennes, en mars 1816, ce général, Rivaud, dans l'accomplissement de cette mission difficile, fit une opposition constante aux actes de la majorité. Il prouva qu'il voulait rester étranger aux passions politiques, et il fut fidèle à ses frères d'armes, à la justice et à l'honneur.

On doit croire que le vote du général Rivaud fut pour beaucoup dans la commutation de peine accordée au général Travot, condamné à mort par le conseil de guerre, quoiqu'il eût mérité, comme Hoche, le nom de *pacificatenr de la Vendée* (1).

Il nous reste, pour terminer cette biographie, à énumérer les diverses fonctions auxquelles fut appelé le général Rivaud après 1815.

En 1819, il fut nommé inspecteur général d'infanterie.

(1) Ce qui tend à donner une puissante vraisemblance à cette opinion, c'est la lettre écrite peu de jours après au général par le duc d'Angoulême. M. Rivaud ayant fait part à ce prince de la nature de son vote aussitôt le procès du général Travot terminé, le duc d'Angoulême lui répondit la lettre que voici :

Paris, ce 1er avril 1816.

Monsieur le lieutenant-général comte de Rivaud la Raffinière,

J'ai eu le plaisir de recevoir votre lettre du 26. Chacun doit parler suivant sa conscience dans un conseil de guerre : soyez certain que le roi ne peut pas vous en vouloir pour avoir émis une autre opinion que celle de la majorité. Ce qui doit vous le prouver, c'est que sa majesté, appréciant ce qu'il y avait de favorable dans la conduite du général Travot, lui a fait grâce de la vie.

Je connais vos sentimens : je sais combien vous êtes aimé dans votre pays, et je serai toujours disposé à vous servir auprès de mon oncle si cela vous était nécessaire.

Soyez assuré de tous mes sentimens.

Votre affectionné,   LOUIS-ANTOINE.

En 1820, commandant de la 15ᵉ division militaire à Rouen, où il resta jusqu'en 1830.

En 1822, il fut chargé d'une mission de confiance, relative aux incendies de l'Oise et de la Somme, par une ordonnance royale qui lui donna les pouvoirs les plus étendus.

En 1824, il fut nommé au commandement en chef de l'armée d'occupation laissée en Espagne. Il refusa par des motifs de santé.

Le général Rivaud était en congé dans sa terre de Poitou quand éclatèrent les événemens de 1830. Il demanda sa retraite lorsqu'ils furent accomplis, et il l'obtint en juillet 1831. Il avait alors quarante années de services effectifs et dix-huit campagnes, pendant lesquelles il avait assisté à plus de quarante combats, siéges ou batailles rangées.

Sa vie, on le voit, fut bien remplie : tout entière elle fut consacrée au service de la patrie, et il l'illustra par quelques uns de ces faits d'armes qu'un petit nombre d'officiers généraux peuvent compter dans leur carrière militaire.

Le général Rivaud mourut le 19 mars 1839, à soixante-quatorze ans. Il avait épousé, en 1802, Marie-Charlotte de Fricon, sa digne compagne, qui le précéda de quelques mois dans la tombe; ses derniers vœux furent pour la France, dont la gloire et le bonheur avaient été les passions de sa vie.

Les honneurs et les dignités lui avaient été prodigués par l'empire et la restauration. Titré baron en 1808 et comte en 1814, il fut nommé commandant de la Légion-d'Honneur en prairial an XII, grand-officier en août 1814 et grand'-croix en 1825. Il fut encore chevalier, puis commandant, en 1822, de l'ordre de Saint-Louis.

Soldat, il conquit tous ses grades, toutes ses dignités à la pointe de son épée, au prix de son sang; et étranger à toute espèce d'enivrement dans la prospérité, il ne différa jamais de lui-même, faisant tout pour la gloire et rien pour la fortune.

Plein de droiture et de désintéressement, il regardait l'accomplissement de ses devoirs comme une douce obligation et qui ne lui méritait pas d'éloges. Bienveillant et juste pour tout le monde, il sut faire aimer son administration en France et à l'étranger; il était surtout heureux lorsque, dans les camps, il rencontrait des Poitevins et pouvait leur rendre quelques services.

Son caractère était surtout remarquable de modération, mais il savait, au besoin, montrer une énergie invincible : ce sont là deux qualités précieuses, et qu'on ne trouve alliées que chez les hommes dont le cœur est haut placé; Rivaud les possédait l'une et l'autre, et je ne sais si l'on doit plus admirer son intrépidité sur les champs de bataille que sa modération au milieu de nos discordes civiles.

(Consulter pour la biographie du général Rivaud, outre les histoires militaires citées, le *Dictionnaire des généraux français* (Courcelles), *Biographie des hommes vivans*, des contemporains, le *Journal des Débats* du 21 janvier 1840, l'*Echo français* du 12 du même mois, etc., etc.)